Date : _____

· · · · · · · · · · · · · · · · · · · · · · · · · · · · · · · · · · ◆ · · · · · · ◆ · · · · · ◆

· · · · · · · · · · · · · · · · · · · · · · · · · · · · · · · · · · ◆ · · · · · · ◆ · · · · · ◆

· · · · · · · · · · · · · · · · · · · · · · · · · · · · · · · · · · ◆ · · · · · · ◆ · · · · · ◆

Date : _____

Date : _____

Date : _____

Date : _____

Date : _____

Date : _____

Date : _____

Date : _____

Date : _____

Date : _____

Date : _____

Date : _____

Date : _____

Date : _____

Date : _____

Date : _____

Date : _____

Date : _____

Date : _____

Date : _____

Date : _____

Date : _____

Date : _____

Date : _____

Date : _____

Date : _____

Date : _____

Date : _____

Date : _____

Date : _____

Date : _____

Date : _____

Date : _____

Date : _____

Date : _____

Date : _____

Date : _____

Date : _____

Date : _____

Date : _____

Date : _____

Date : _____

Date : _____

Date : _____

Date : _____

Date : _____

Date : _____

Date : _____

Date : _____

Date : _____

Date : _____

Date : _____

Date : _____

Date : _____

Date : _____

Date : _____

Date : _____

Date : _____

Date : _____

Date : _____

Date : _____

Date : _____

Date : _____

Date : _____

Date : _____

Date : _____

Date : _____

Date : _____

Date : _____

Date : _____

Date : _____

Date : _____

Date : _____

Date : _____

Date : _____

Date : _____

Date : _____

Date : _____

Date : _____

Date : _____

Date : _____

Date : _____

Date : _____

Date : _____

Date : _____

Date : _____

Date : _____

Date : _____

Date : _____

Date : _____

Date : _____

Date : _____

Date : _____

Date : _____

www.ingramcontent.com/pod-product-compliance
Lightning Source LLC
Chambersburg PA
CBHW081011170526
45158CB00010B/3007